MIEUX DIRE
MIEUX ÉCRIRE

Petit corrigé

des 1100 énoncés les plus malmenés

de la langue écrite et parlée

Septembre
éditeur

PRÉFACE

La première édition de *MIEUX DIRE, MIEUX ÉCRIRE* a été diffusée à plus de 10 000 exemplaires : ce beau succès ne nous étonne pas, car cet ouvrage se caractérisait déjà par l'accessibilité des renseignements, leur dimension bien concrète ainsi que la nécessaire rigueur des données. L'auteur, Yvon Delisle, est un observateur passionné de la langue française, un chercheur du bon usage, un remarquable pédagogue.

Le recueil enrichi qu'il nous propose en cette année 2000 a le grand mérite de réunir les erreurs les plus courantes, les pièges, les écueils que l'auteur a patiemment recensés au fil des années dans les copies de ses élèves, dans les textes divers et de présenter les formes correctes correspondantes. C'est toujours l'usage réel du français au Québec qui constitue la matière première de l'œuvre d'Yvon Delisle et qui assure la réussite de son entreprise. La deuxième édition de *MIEUX DIRE, MIEUX ÉCRIRE* poursuit l'objectif initial : offrir des réponses rapides et pratiques aux vraies questions linguistiques des Québécois et contribuer ainsi à la qualité de la langue française au Québec.

Marie-Éva de Villers

INTRODUCTION

T rois ans après le lancement de la première édition, celle-ci devrait connaître
encore plus de succès grâce aux amélio-
rations importantes qui lui ont été apportées.
Qu'il suffise de mentionner que près de
400 nouveaux mots ont été ajoutés et que le
nombre de questions dans le post-test a été
augmenté de façon appréciable. Les gens qui
s'en serviront pourront donc vérifier jusqu'à
quel point ils maîtrisent le contenu de cette
nouvelle édition après qu'ils l'auront consultée
suffisamment.

Comme l'écrit Mme de Villers dans la préface,
cette édition poursuit l'objectif initial, celui
d' « offrir des réponses rapides et pratiques
aux vraies questions linguistiques des
Québécois et contribuer ainsi à la qualité de
la langue française au Québec ».

De plus, elle aidera sûrement celles et ceux
qui veulent mieux dire et mieux écrire à
cultiver le doute, ce qui est essentiel si l'on
veut atteindre un degré de perfection
supérieur.

Yvon Delisle

LES FORMES INCORRECTES

À la droite de chaque forme incorrecte et au moyen d'une lettre se trouve indiqué le type d'erreur commis lorsqu'on emploie le mot en question. Voici ce à quoi correspond chaque lettre ainsi que la définition du terme.

Anglicisme : Mot, expression, construction, orthographe propre à la langue anglaise. Ex. : *breuvage* au sens de **boisson**.

Barbarisme : Erreur de langage par altération de mot, par modification de sens. Ex. : *rénumération*.

Calque de l'anglais : Traduction littérale d'une expression anglaise. Ex. : *le chat est sorti du sac*.

Divers : Erreur d'orthographe, de conjugaison, de prononciation ou de toute autre forme, qui n'a pas été regroupée. Ex. : *un moustiquaire*.

Familier : Terme couramment utilisé dans la langue orale. Ex. : *crème à glace*.

Impropriété : Emploi incorrect d'un mot, d'une expression. Ex. : *débuter une journée*.

Marque de commerce : Nom qu'un commerçant ou un fabricant utilise pour appeler son produit. Ex. : *Pagette*.

Pléonasme : Répétition inutile de mots qui ont le même sens. Ex. : *monter en haut*.

Solécisme : Erreur dans la construction syntaxique d'une phrase. Ex. : *ce que j'ai besoin*.

Emploi vieilli (archaïsme) : Mot, sens ou emploi qui n'est plus en usage. Ex. : *à cause que*.

A *anglicisme*   **B** *barbarisme*   **C** *calque de l'anglais*   **D** *divers*   **F** *familier*   **I** *impropriété*
M *marque de commerce*   **P** *pléonasme*   **S** *solécisme*   **V** *emploi vieilli (archaïsme)*

INCORRECT		CORRECT
À :	A	**Destinataire :**
La chambre *à* ma soeur	I	La chambre **de** ma soeur
À prime abord	I	**De** prime abord
À qui de droit	C	**Mesdames, Messieurs**
À tous les jours	V	**Tous** les jours
Le petit chien *aboie*	I	Le petit chien **jappe**
Un *abreuvoir*	I	Une **fontaine**
Abrévier un mot	V	**Abréger** un mot
Une année *académique*	A	Une année **scolaire**
Il *s'en est accaparé*	S	Il **l'a accaparé**
Accommoder quelqu'un	A	**Aider** quelqu'un
S'accoter (avec quelqu'un)	I	**Vivre maritalement**
Projeter des *acétates*	I	Projeter des **transparents**
L'*acoustique* du téléphone	I	Le **combiné** du téléphone
Par *acquis* de conscience	I	Par **acquit** de conscience
Acter	A	**Jouer, tenir un rôle**
Un *adapteur*	A	Un **adaptateur**

A

5

INCORRECT		CORRECT
Pas d'admission sans affaires	C	**Entrée interdite sans autorisation**
Admission 20 $	A	**Prix d'entrée, entrée** 20 $
Adresse : *M.* Martin Delisle *10 340 est* Laurier *Ste*-Foy, *QC* G1T-4S2	D	Adresse : **Monsieur** Martin Delisle **10340, boul.** Laurier **Est** **Sainte**-Foy **(Québec)** G1T 4S2
Faire *affaires*	D	Faire **affaire**
Être d'affaires	C	**Avoir le sens des affaires**
Les *heures d'affaires*	C	Les **heures d'ouverture**
L'*agenda* de la réunion	A	L'**ordre du jour** de la réunion
Être âgé entre 20 *et* 30 ans	C	**Être âgé de** 20 **à** 30 ans
Un vendeur *agressif*	A	Un **bon** vendeur, un vendeur **dynamique**
Aiguiser un crayon	I	**Tailler** un crayon
Un *ajusteur d'*assurances	A	Un **expert en** assurances
Alcool (prononcé « *alcool* »)	A	Alcool (prononcé « **alcol** »)
Une pizza *all dressed*	A	Une pizza **garnie**
L'*alignement* des roues	A	Le **parallélisme** des roues
Aller en appel	I	**En appeler**
Aller en grève	C	**Faire la** grève
Choisir entre deux *alternatives*	A	Choisir entre deux **possibilités**
Réunion à *8 h a.m.*	A	Réunion à **8 h, 8 h du matin**

INCORRECT		CORRECT
Être, tomber *en amour*	C	Être, tomber **amoureux**
Une *année fiscale*	C	Un **exercice financier**
Les *annonces classées*	C	Les **petites annonces**
Être anxieux de	C	**Avoir hâte de**
Apt, #	A	**App.** (appartement)
Un *appel conférence*	C	Une **conférence téléphonique**
Faire *application*	C	Faire **une demande d'emploi**
Un *appointement*	A	Un **rendez-vous**
S'apporter des sandwichs	I	**Emporter** des sandwichs
Est-ce pour *apporter?*	I	Est-ce pour **emporter?**
La clé est *après* la porte	S	La clé est **sur** la porte
Elle est *après* étudier	V	Elle est **en train d'**étudier
Après qu'il *soit* parti... (subjonctif)	I	Après qu'il **fut** parti... (indicatif)
De l'*arborite*	M	Du **stratifié**, du **lamifié**
Un *aréoport*	B	Un **aéroport**
Amasser *des argents*	A	Amasser **de l'argent**
Une personne *articulée*	A	Une personne **qui s'exprime bien, éloquente**
Lever *l'assemblée*	I	Lever **la séance**
Assigner quelqu'un à une tâche	C	**Assigner une tâche à quelqu'un**
Assis-toi, *assisez*-vous	B	**Assieds**-toi, **asseyez**-vous

INCORRECT		CORRECT
Un *assistant-directeur*	C	Un **directeur adjoint**
Un *astérix*	D	Un **astérisque**
Anne s'*attend de* vivre là	I	Anne s'**attend à** vivre là
Une faute d'*attention*	I	Une faute d'**inattention**
Demeurer *au lac Beauport*	I	Demeurer **à Lac-Beauport**
Aucun frais	D	**Aucuns** frais
L'essence a augmenté	I	**Le prix de l'essence a augmenté**
Pour *aussi peu que* 20 $	C	Pour **seulement** 20 $
En autant que	C	**Pourvu que**
En autant que je suis concerné	C	**En ce qui me concerne, quant à moi**
Un enfant *autistique*	I	Un enfant **autiste**
Aller à Boston en *autobus*	I	Aller à Boston en **autocar**
(Autobus) *La* 24	D	**Le** 24
Aux quatre heures	V	**Toutes les** quatre heures
Verser *un autre* 500 $	C	Verser 500 $ **supplémentaires**
Ave. (avenue)	A	**Av.**
L'élève *que je joue avec*	C	L'élève **avec qui je joue**
Cette information s'est *avérée fausse, vraie*	I	Cette information s'est **révélée fausse, vraie**
Il a un bel *avenir devant lui*	P	Il a un bel **avenir**
Un *aviseur légal*	C	Un **conseiller juridique**

INCORRECT		CORRECT
Un *bachelor*	A	Un **studio**
Des articles, des commandes *back order, B.O.*	A	Des articles, des commandes **en souffrance, en retard**
Être *back order*	A	Être **en rupture de stock**
Un *bain-tourbillon*	C	Une **baignoire à remous**
La *balance* d'une commande	A	Le **reste** d'une commande
La *balance* d'un compte	A	Le **solde** d'un compte
Le *balancement* des roues	A	L'**équilibrage** des roues
Une *balayeuse*	I	Un **aspirateur**
Les *premiers balbutiements* d'une entreprise	P	Les **balbutiements** d'une entreprise
Souffler dans la balloune	A	**Passer l'alcootest**
Un *banc de scie*	C	Un **plateau de sciage**
Une *banque*	A	Une **tirelire**
Une *banqueroute fraduleuse*	P	Une **banqueroute**
Un *bar à salades*	C	Un **comptoir à salades**
Un *barbier*	V	Un **coiffeur**

INCORRECT		CORRECT
Barrer une porte	I	**Verrouiller** une porte
Une *barre* de savon	A	Un **savon**, une **savonnette**
15° *en bas de* zéro	I	15° **au-dessous de** zéro
Être dans le même *bateau*	C	Être dans le même **cas**
La *batterie* d'une montre	A	La **pile** d'une montre
Un *bed and breakfast*	A	Un **gîte touristique**
Un *bellboy*	M	Un **téléavertisseur**
Des *bénéfices marginaux*	C	Des **avantages sociaux**
Ce *que j'ai de besoin*	S	Ce **dont j'ai besoin**
Un *bicycle*	A	Une **bicyclette**
Bien à vous, bien vôtre, sincèrement vôtre	C	**Veuillez agréer, Madame, Monsieur, l'expression de mes sentiments distingués**
Vivre *sur le BS, sur le bien-être social*	C	Vivre **de l'aide sociale, de l'assistance sociale**
Bienvenue! (en réponse à Merci!)	A	**Il n'y a pas de quoi! De rien! Ce n'est rien!**
Un *billet de saison*	C	Un **abonnement**
Un *blanc de chèque*	C	Un **chèque**
Un *blanc de mémoire*	C	Un **trou de mémoire**
Bleu *marin*	I	Bleu **marine**
Avoir les bleus	C	**Broyer du noir**
Faisons le tour du *bloc*	A	Faisons le tour du **pâté de maisons**

B

10

INCORRECT		CORRECT
Un *bloc à appartements*	c	Un **immeuble d'habitation**
Un *bol de toilettes*	c	Une **cuvette**
Un *bon* dix minutes	A	Dix **bonnes** minutes
Une *bonbonne* d'oxygène	I	Une **bouteille** d'oxygène
Recevoir un *bonus*	A	Recevoir une **prime**, une **indemnité**, un **boni**
Booster la batterie	A	**Ranimer** la batterie
Des câbles *à booster*	A	Des câbles **de démarrage**
Un *boss* efficace	A	Un **patron** efficace
Une voiture *bossée*	I	Une voiture **bosselée**
Chercher à *bosser*	A	Chercher à **commander**
L'eau *bouille*	D	L'eau **bout**
La *boule à mites*	c	La **naphtaline**
Blvd. (boulevard)	A	**Boul., bd, b^d**
Un *boyau* (d'arrosage)	V	Un **tuyau** (d'arrosage)
Brainstorming	A	**Remue-méninges**
Une *brassière*	A	Un **soutien-gorge**
Le *break* de 10 h 5	A	La **pause** de 10 h 5
Un *breaker*	A	Un **disjoncteur**
Un *breuvage*	A	Une **boisson**
Un *briefing*	A	Des **instructions**, un **exposé**
Du *brin* de scie	I	Du **bran** de scie

B

11

INCORRECT		CORRECT
Un *bris* de contrat	C	Une **rupture** de contrat
Briser des records	A	**Battre** des records
Une *broche*	I	Une **agrafe**
Une *brocheuse*	I	Une **agrafeuse**
De la *broue*	V	De la **mousse**, de l'**écume**
Être *brûlé*	I	Être **épuisé**
Des *brûlements* d'estomac	V	Des **brûlures** d'estomac
Du *bumping*	A	De la **supplantation**
Un *bungalow*	A	Une **maison individuelle**
Un *bunker*	A	Une **fosse de sable**
Le *bureau des directeurs*	C	Le **conseil d'administration**
Le *bureau-chef*	C	Le **siège social**
Un *burnout*	A	Un **épuisement, surmenage professionnel**

B

C

12

A *anglicisme*   B *barbarisme*   C *calque de l'anglais*   D *divers*   F *familier*   I *impropriété*
M *marque de commerce*   P *pléonasme*   S *solécisme*   V *emploi vieilli (archaïsme)*

INCORRECT		CORRECT
Ça doit être	I	**Ce** doit être, **ce** doivent être
Un *cabaret*	A	Un **plateau**

INCORRECT		CORRECT
Un *cadran*	I	Un **réveille-matin, réveil**
Dans le cadre de	I	**À l'occasion de**
Une *caméra*	A	Un **appareil photo**
Posséder un *camper*	A	Posséder une **caravane**
Le *campus universitaire*	P	Le **campus**
Regarder le *canal* 31	A	Regarder la **chaîne** 31
Un canal *chat*	C	Un canal **de bavardage**
Canceller un rendez-vous	A	**Annuler** un rendez-vous
Le *cannage*	A	La **mise en conserve**
Une *canne*	A	Une **boîte de conserve**, une **canette**
Une cantaloup (prononcé « *loupe* »)	D	Un cantaloup (prononcé « **loup** »)
Un *cap* (de roue)	A	Un **enjoliveur**
Car en effet	P	**Car** ou **en effet**
Un *carport*	A	Un **abri d'auto**
Une chemise *carreautée*	I	Une chemise **à carreaux**
Un *carrosse*	I	Un **landau**
Un *cartable*	I	Une **reliure**, un **cahier**
Une *carte d'affaires*	C	Une **carte professionnelle**
Un *carton d'allumettes*	A	Une **pochette d'allumettes**
Un *carton de cigarettes*	A	Une **cartouche de cigarettes**

C

INCORRECT		CORRECT
Payer *cash*	A	Payer **comptant**
Un *casier* postal	I	Une **case** postale
Un *casque* de bain	I	Un **bonnet** de bain
Être *cassé*	A	Être **sans le sou**
À cause de son aide, j'ai...	I	**Grâce à** son aide, j'ai...
À cause que	V	**Parce que**
Une *cédule*	A	Un **calendrier**, un **horaire**, un **programme**
Céduler une réunion	A	**Prévoir, fixer** une réunion
Donner des *cennes*	I	Donner des **cents**
25 cents (prononcé « *sèn'ts* »)	A	25 cents (prononcé « **sèn't** »)
Cent (*z*) élèves	D	Cent (**t**) élèves
Un *centre d'achats*	C	Un **centre commercial**
Un *certificat-cadeau*	C	Un **chèque-cadeau**
Un *certificat de naissance*	C	Un **acte de naissance**
Une *chaise roulante*	C	Un **fauteuil roulant**
La *chambre de bains*	C	La **salle de bain(s)**
La *chambre des joueurs*	C	Le **vestiaire**
La *chambre des maîtres*	C	La **chambre principale**
Ouvre la *champlure*	V	Ouvre le **robinet**
Elle court la *chance* de perdre	I	Elle court le **risque** de perdre

INCORRECT		CORRECT
Souffler les *chandelles*	V	Souffler les **bougies**
Vouloir du *change*	A	Vouloir de la **monnaie**
Un *changement* d'huile	C	Une **vidange** d'huile
Changer un chèque	A	**Encaisser** un chèque
La *chanson thème*	C	**L'indicatif musical**
Ils coûtent 1 $ *chaque*	A	Ils coûtent 1 $ **chacun**
Chaque deux jours	I	**Tous les** deux jours
Un beau *char*	I	Une belle **voiture**
Être en charge	C	**Être responsable, chargé de**
Chargez-le à mon compte	A	**Portez**-le à mon compte
Charger 100 $	A	**Demander, facturer** 100 $
Un *appel à charges renversées*	C	Un **appel à frais virés**
Une *charrue*	I	Un **chasse-neige**
Le chat est sorti du sac	C	**On a découvert le pot aux roses**
Chauffer une voiture	V	**Conduire** une voiture
Une robe *cheap*	A	Une robe **bon marché**
Check mon travail	A	**Regarde, vérifie** mon travail
Checkup	A	**Bilan de santé** (personne), **inspection** (voiture)
Une course à la *chefferie*	I	Une course à la **direction d'un parti politique**

C

15

INCORRECT		CORRECT
Se chercher un emploi	I	**Chercher** un emploi
Être *sur le chiffre* de jour	A	Être **de l'équipe** de jour
Un sac de *chips*	A	Un sac de **croustilles**
Pas de *chuchotages*!	B	Pas de **chuchotements**!
Marc est mon *chum*	A	Marc est mon **ami**
Le document *ci-attaché*	A	Le document **ci-joint**
Ci-bas mentionné	I	Mentionné **ci-dessous**
Ci-haut mentionné	I	Mentionné **ci-dessus**
Une *circulaire*	I	Un **cahier publicitaire**
Cirer ses skis	A	**Farter** ses skis
Une *cirrhose du foie*	P	Une **cirrhose**
Gagner 100 $ *clair*	A	Gagner 100 $ **net**
Clairer quelqu'un	A	**Congédier** quelqu'un
La *clientèle* scolaire, étudiante	I	La **population** scolaire, étudiante
De l'air *climatisé*	I	De l'air **conditionné**
Installer l'*air conditionné*	I	Installer un **climatiseur**
Une *clinique* de golf	A	Un **cours pratique** de golf
Une *clinique* de donneurs de sang	C	Une **collecte** de sang
La *clutch*	A	La **pédale d'embrayage**
Clinique externe	C	**Consultations externes**

INCORRECT		CORRECT
Être couvert de *cloches*	I	Être couvert de **cloques**
Une bonne *coach*	A	Une bonne **entraîneuse**
COD	A	**CR** (contre remboursement)
Un *code* régional	C	Un **indicatif** régional
Un *coffre* à gants	C	Une **boîte** à gants
Combler un poste	C	**Pourvoir (à)** un poste
Comme par exemple	P	**Comme** ou **par exemple**
Un *commercial*	A	Un **message publicitaire**
Une *compagnie de finance*	C	Une **société de crédit**
Compenser *les producteurs pour leurs pertes*	S	Compenser **les pertes des producteurs**
Compléter un formulaire	A	**Remplir** un formulaire
Un *condominium*	A	Une **copropriété**
Être *confiant* que	C	Être **convaincu** que
Es-tu *confortable?*	A	Es-tu **bien, à l'aise**?
Un *confrère de classe*	I	Un **condisciple**
Connecter un appareil	A	**Brancher** un appareil
Avoir des *connexions*	A	Avoir des **relations**
Un chiffre *conservateur*	A	Un chiffre **prudent**
Pour aucune considération	C	**Sous aucun prétexte**
Je la *considère* compétente	S	Je la **considère comme** compétente

INCORRECT		CORRECT
Une *consœur* de travail	I	Une **collègue** de travail
Un *container*	A	Un **conteneur**
Un *contracteur*	A	Un **entrepreneur**
Ne me *contredites* pas	D	Ne me **contredisez** pas
Être *sous contrôle*	C	Être **maîtrisé, réglé**
Assister à une *convention*	A	Assister à un **congrès**
Rêver d'une *convertible*	A	Rêver d'une **décapotable**
Une *copie* d'une revue	A	Un **exemplaire** d'une revue
Du *corduroy*	A	Du **velours côtelé**
Les affaires *corporatives*	C	Les affaires **de l'entreprise**
Du *coton à fromage*	C	De l'**étamine**, une **gaze**
Couper des postes	A	**Supprimer** des postes
Couper les dépenses	A	**Réduire, sabrer dans** les dépenses
Pour couper court	C	**Bref, pour résumer**
Un *coupon-rabais*	C	Un **bon de réduction**
Des *coupures* budgétaires	C	Des **restrictions, compressions** budgétaires
Le *cours* primaire, secondaire	I	Les **études** primaires, secondaires
Une *courtoisie* de	C	Un **hommage** de
Une voiture de *courtoisie*	C	Une voiture de **service**

18

INCORRECT		CORRECT
Une *coutellerie*	A	Une **ménagère**, un **service de couverts**
Ferme le *couvert*	I	Ferme le **couvercle**
Une *couverte* chaude	V	Une **couverture** chaude
La glace est *craquée*	A	La glace est **fendue**
La planche *a craqué*	A	La planche **s'est fendillée**
Du *crémage*	I	De la **glace à gâteau**
De la *crème à glace*	F	De la **crème glacée, glace**
Un *cruise control*	A	Un **régulateur de vitesse**
Cruiser une femme	A	**Draguer** une femme
Une *cueillette des* données	I	Une **collecte de** données
La *cueillette* des ordures	I	L'**enlèvement** des ordures

A *anglicisme*   **B** *barbarisme*   **C** *calque de l'anglais*   **D** *divers*   **F** *familier*   **I** *impropriété*
  M *marque de commerce*   **P** *pléonasme*   **S** *solécisme*   **V** *emploi vieilli (archaïsme)*

INCORRECT		CORRECT
Une *dactylo*	I	Une **machine à écrire**
Un jeu de *dards*	A	Un jeu de **fléchettes**
Date : *2001/03/31* ; *31-03-2001*	D	Date : **31 mars 2001**

INCORRECT		CORRECT
Mon livret est *à date*	C	Mon livret est **à jour**
À date, jusqu'à date	C	**Jusqu'à maintenant**
De :	A	**Expéditeur :**
Un demi *de un pour cent*	A	Un demi **pour cent**
Gagner 7 $ *de l'heure*	S	Gagner 7 $ **l'heure**
L'arrivée *de d'autres* joueurs	S	L'arrivée **d'autres** joueurs
Le *deadline* est arrivé	A	**L'échéance, l'heure de tombée** est arrivée
Proposer un *deal*	A	Proposer un **marché**
Un régime *débalancé*	D	Un régime **déséquilibré**
Débarquer d'un autobus	I	**Descendre** d'un autobus
Débarquer d'une voiture	F	**Sortir** d'une voiture
Débarrer une porte	I	**Déverrouiller** une porte
Le cœur me *débat*	I	Le cœur me **bat**
Débosser la carrosserie	I	**Débosseler** la carrosserie
Faire un *déboursé*	V	Faire un **débours**, une **sortie de fonds**
Débuter une journée	I	**Commencer** une journée
Déconnecter le grille-pain	A	**Débrancher** le grille-pain
En dedans de 15 min	C	**En moins** de 15 min
Un *déductible*	A	Une **franchise**
Définitivement	A	**Assurément, certainement**

INCORRECT		CORRECT
Défrayer les dépenses de quelqu'un	C	**Défrayer quelqu'un de ses dépenses**
Viens *demain midi*	S	Viens **demain à midi**
Un produit *en demande*	C	Un produit **demandé, recherché, populaire**
Demander une question	C	**Poser** une question
Acheter un *démonstrateur*	A	Acheter une **voiture d'essai**
Une *démotion*	A	Une **rétrogradation**
Le *département* des jouets	A	Le **rayon** des jouets
Dépendant de votre décision	C	**En fonction de, selon** votre décision
Un *dépendant*	A	Une **personne à charge**
Donner un *dépôt*	A	Donner un **acompte**
Un *dépôt direct*	C	Un **virement automatique**
Les *dernières cinq* heures	C	Les **cinq dernières** heures
Avoir une idée *derrière* la tête	S	Avoir une idée **de derrière** la tête
Descendre en bas	P	**Descendre**
Un *désodorisant* (odeurs corporelles)	I	Un **déodorant**
On signale un *détour*	A	On signale une **déviation**
2ième, 2ièmes	D	**2e, 2es**
La *Deuxième* Guerre mondiale	D	La **Seconde** Guerre mondiale

INCORRECT		CORRECT
Devancer la date du congé	I	**Avancer** la date du congé
Habiter dans un *développement*	A	Habiter dans un **nouveau quartier**
Développer un nouveau procédé	A	**Concevoir** un nouveau procédé
Être *en devoir*	C	Être **de service, de garde**
Habiter au *diable au vert*	D	Habiter au **diable vauvert**
Différencier le vrai *d'avec* le faux	S	**Différencier** le vrai **du** faux
Une montre *digitale*	A	Une montre **numérique**
Le lait a diminué	I	**Le prix du lait a diminué**
Un *dimmer*	A	Un **gradateur**
Le *directeur* d'un CA	A	Le **membre** d'un CA
Lisez bien les *directions*	A	Lisez bien le **mode d'emploi**
Discarter deux cartes	A	**Mettre** deux cartes **sur la table**
Un produit *discontinué*	A	Un produit **qui n'est plus sur le marché**
Un recueil peu *dispendieux*	I	Un recueil peu **cher**
Dispenser des cours	I	**Donner** des cours
Un produit *disponible au prix de* 0,89 $	A	Un produit **en vente à** 0,89 $
Il faut *en disposer*	A	Il faut **s'en débarrasser**
Un *divan*	I	Un **canapé**

INCORRECT		CORRECT
Se divorcer	I	**Divorcer**
Un *doggy-bag*	A	Un **emporte-restes**
Un quartier *domiciliaire*	I	Un quartier **résidentiel**
Donne-moi-le	D	**Donne-le-moi**
C'est de lui *dont* je parle	S	C'est de lui **que** je parle, c'est lui **dont** je parle
Le *doping* des athlètes	A	Le **dopage** des athlètes
Doubler une classe	V	**Redoubler** une classe
C'est un *doubleur*	V	C'est un **redoublant**
Dr., *D^r* Josée Gagnon	D	**Dre, D^{re}** Josée Gagnon
Un *drap contour*	C	Un **drap-housse**
Un moyen *drastique*	A	Un moyen **draconien**
Une *drill*	A	Une **foreuse**, une **perceuse**
Un *dropout*	A	Un **décrocheur**
Un *drummer*	A	Un **batteur**
Dû à	C	**À cause de, en raison de**
Dû le	C	**Dû pour le**
Être dû pour des vacances	C	**Avoir besoin de** vacances
Une *dump*	A	Un **dépotoir**
Une *dune de sable*	P	Une **dune**
Un *Duo-Tang*	M	Une **reliure à attaches**

D

A *anglicisme*   **B** *barbarisme*   **C** *calque de l'anglais*   **D** *divers*   **F** *familier*   **I** *impropriété*
M *marque de commerce*   **P** *pléonasme*   **S** *solécisme*   **V** *emploi vieilli (archaïsme)*

INCORRECT		CORRECT
L'*écale* d'un œuf	I	La **coquille** d'un œuf
S'écarter	V	**S'égarer, se perdre**
Échouer un examen	S	**Échouer à** un examen
Une *efface*	I	Une **gomme** (à effacer)
Effectif le...	A	**En vigueur** le...
Des rumeurs *à l'effet que*...	C	Des rumeurs **voulant que..., selon lesquelles...**
Un *egg roll*	A	Un **pâté impérial**
Un dîner *élaboré*	A	Un **grand** dîner
Ne pas *élaborer*	A	Ne pas **donner de détails**
Elle est dans l'*élévateur*	A	Elle est dans l'**ascenseur**
Éligible à un concours	A	**Admissible** à un concours
Un *e-mail*	A	Un **courriel**
Embarquer dans une voiture	F	**Monter** dans une voiture
Embarrer quelqu'un	V	**Enfermer** quelqu'un **par erreur**
Émettre un communiqué	A	**Publier** un communiqué
Émettre un reçu, un passeport	A	**Délivrer, donner** un reçu, un passeport

INCORRECT		CORRECT
Emmener un lunch	I	**Emporter** un lunch
Mettre l'emphase sur	A	**Mettre l'accent sur**
Être à l'emploi de	C	**Travailler chez, pour**
Aller travailler *en* moto	I	Aller travailler **à** moto
Appareil *en bon ordre*	C	Appareil **en bon état**
En ordre alphabétique	I	**Dans** l'ordre alphabétique
Les dépenses *encourues*	A	Les dépenses **engagées**
Encryption	A	**Cryptage, chiffrement**
Écrire *à l'endos* d'une lettre	I	Écrire **au verso, au dos** d'une lettre
*Signer à l'endos d'*un chèque	I	**Endosser** un chèque
Endosser quelqu'un	A	**Se porter garant de** quelqu'un
Endosser une opinion	A	**Approuver** une opinion
La ligne est *engagée*	A	La ligne est **occupée**
Enjoindre quelqu'un de faire quelque chose	S	**Enjoindre à quelqu'un** de faire quelque chose
Enligner des arbres	I	**Aligner** des arbres
Un animateur *ennuyant*	F	Un animateur **ennuyeux**
Courrier *enregistré*	A	Courrier **recommandé**
Les *enregistrements* d'un véhicule	A	Le **certificat d'immatriculation** d'un véhicule
S'*enregistrer* à l'hôtel	A	S'**inscrire** à l'hôtel
Une *enregistreuse*	I	Un **magnétophone**

E

25

INCORRECT		CORRECT
Et puis ensuite	P	**Et puis** ou **ensuite**
Une *en-tête*	D	Un **en-tête**
Une période *d'entraînement*	A	Une période **d'essai, d'apprentissage**
Le train *entre dans* la gare	I	Le train **entre en** gare
Une *enveloppe-retour préadressée*	I	Une **enveloppe-réponse affranchie**
Mettre l'épaule à la roue	C	**Donner un coup de main**
Épicier licencié	C	**Bière et vin**
Présenter son *époux,* son *épouse*	I	Présenter son **mari,** sa **femme**
Un *escompte* sur un article	A	Une **réduction** sur un article
Ess... (le e prononcé *è*)	D	**Ess...** (le e prononcé **é**)
C'est des élèves studieux	D	**Ce sont** des élèves studieux
Demander un *estimé*	A	Demander une **estimation,** une **évaluation,** un **devis**
Renée *&* Hélène	I	Renée **et** Hélène
Soixante *et* deux	D	Soixante-deux
Et bien!	I	**Eh** bien!
Pluie *et/ou* bruine	A	Pluie **ou** bruine
Le *premier étage*	I	Le **rez-de-chaussée**
Une *étampe*	A	Un **timbre,** un **tampon encreur**
Étamper un document	A	**Timbrer** un document

INCORRECT		CORRECT
Etc..., ect.	D	**Etc.**
Le *code d'éthique*	C	Le **code de déontologie**
Étudiante du secondaire	A	**Élève** du secondaire
Nous irons *éventuellement*	A	Nous irons **plus tard**
L'*évier* (salle de bains)	I	Le **lavabo**
Un *exacto*	M	Un **couteau à découper**
Être *excessivement* habile	I	Être **extrêmement** habile
Je m'excuse (formule la moins polie)	D	**Excusez-moi, veuillez m'excuser**
L'*exécutif* de l'association	A	La **direction**, le **conseil de direction** de l'association
Un secrétaire *exécutif*	A	Un secrétaire **de direction**
L'*extension* 123	A	Le **poste** 123 (téléphone)
Une *extension*	A	Une **rallonge** (électricité)

E
F

A *anglicisme*　　B *barbarisme*　　C *calque de l'anglais*　　D *divers*　　F *familier*　　I *impropriété*
M *marque de commerce*　　P *pléonasme*　　S *solécisme*　　V *emploi vieilli (archaïsme)*

INCORRECT		CORRECT
Face à	I	**Quant** à, **par rapport** à
Des *facilités*	A	Des **installations**, des **services**

INCORRECT		CORRECT
La *facture* svp (restaurant)	I	L'**addition** svp
La *facture* svp (hôtel)	I	La **note** svp
Cela *fait du sens*	C	Cela **a du sens**
Faire sa part	C	**Collaborer à, participer à**
Fair-play	A	**Franc jeu, loyauté**
Le *fairway*	A	L'**allée**
Il est *familier* avec cela	C	Cela **lui** est **familier**
Une *fan*	A	Un **ventilateur**
Un *fan*	A	Un **admirateur**
Du *fast-food*	A	De la **restauration rapide**
Un *feedback*	A	Une **rétroaction**, une **réaction**
J'ai un bon *feeling*	A	J'ai une bonne **impression**
Un garçon *feluet*	F	Un garçon **fluet**
La *fête* de ma sœur	I	L'**anniversaire** de ma sœur
Un *feu* de forêt	C	Un **incendie** de forêt
Du fibre de verre	D	**De la fibre** de verre
Se *fier sur* quelqu'un	C	Se **fier à** quelqu'un
La *fièvre* des foins	C	Le **rhume** des foins
Figurer	A	**Prévoir, calculer**
Du *filage*	A	Du **câblage électrique**
Elles *filent* bien	A	Elles **vont** bien

INCORRECT		CORRECT
Déplacer la *filière*	A	Déplacer le **classeur**
Comme elle est *fine*	F	Comme elle est **gentille**
À toutes fins pratiques	C	**À vrai dire, en fait**
À toutes fins utiles	I	**À vrai dire, en fait**
Une décision *finale*	C	Une décision **sans appel**
La version *finale*	C	La version **définitive**
De la *flanellette*	I	De la **finette**
Les *flashers* de la voiture	A	Les **clignotants** de la voiture
Une *flashlight*	A	Une **lampe de poche**
Il a fait un *flat*	A	Il a fait une **crevaison**
Une *flotte* de camions	I	Un **parc** de camions
Flusher les toilettes	A	**Actionner la chasse d'eau**
Focusser sur un point	A	**Se concentrer** sur un point
À chaque fois	I	**Chaque fois**
Chèque sans *fonds*	I	Chèque sans **provision**
La loi est *en force*	C	La loi est **en vigueur**
Forger une signature	A	**Contrefaire, imiter** une signature
Un entretien *formel*	A	Un entretien **officiel**
Il a fait un fou de lui	C	**Il s'est rendu ridicule**
Un *four micro-ondes*	I	Un **four à micro-ondes**
Une *fournaise à l'huile*	C	Une **chaudière à mazout**

F

INCORRECT		CORRECT
Un *fourneau*	I	Un **four**
Un *foursome*	A	Un **quatuor**
S'en foutre comme l'an 40	I	**S'en foutre comme de l'an 40**
Être *frappé* par une voiture	A	Être **heurté, renversé** par une voiture
Frapper un noeud	C	**Se heurter à un obstacle, avoir un problème**
Un *frigidaire*	F	Un **réfrigérateur**, un **frigo**
C'est le *fun*	A	C'est **drôle, amusant**
Une *fuse*	A	Un **fusible**
Deux sociétés *se sont fusionnées*	I	Deux sociétés **ont fusionné**

30

A *anglicisme* **B** *barbarisme* **C** *calque de l'anglais* **D** *divers* **F** *familier* **I** *impropriété*
M *marque de commerce* **P** *pléonasme* **S** *solécisme* **V** *emploi vieilli (archaïsme)*

INCORRECT		CORRECT
Gager	F	**Parier**
Une *gageure*	F	Un **pari**
N'enlève pas la *gale*	F	N'enlève pas la **croûte**
Un *gaminet*	D	Un **tee-shirt**, un **t-shirt**
Une gang (prononcé « *gagne* »)	D	**Un** gang (prononcé « **gangue** »)

INCORRECT		CORRECT
Garder la droite	C	**Tenir** la droite
Garrocher des cailloux	F	**Lancer** des cailloux
Un masque *à gaz*	D	Un masque **antigaz**
Du *gaz*, de la *gazoline*	A	De l'**essence**
Peser sur le gaz	D	**Appuyer sur l'accélérateur**
Un *gazebo*	A	Une **gloriette**, un **pavillon**
Il faut *gazer*	A	Il faut **faire le plein**
Un *gérant*	I	Un **directeur**, un **chef**
Un *gérant* de banque	I	Un **directeur** de banque
Un *gérant d'artiste*	I	Un **imprésario**
Un *gilet*	I	Un **chandail**
La *globalisation* des marchés	A	La **mondialisation** des marchés
Une *gracieuseté* de...	V	Un **cadeau** de...
La *graduation*	A	La **remise des diplômes**, la **collation des grades**
Le bal de *graduation*	A	Le bal de **fin d'études**
Graduer	A	**Obtenir un diplôme**
Elle s'est *grafigné* la main	V	Elle s'est **égratigné** la main
Une *gratte*	I	Un **chasse-neige**
Un chemin de *gravelle*	A	Un chemin de **gravier**
Nous vous *serions gré*	I	Nous vous **saurions** gré

G

31

INCORRECT		CORRECT
Une balle sur un *green*	A	Une balle sur un **vert**
Grincher des dents	B	**Grincer** des dents
Grouille-toi	F	**Dépêche-toi**
" " (guillemets anglais)	A	« » (guillemets français)
Du *gyproc*	A	Du **carton-plâtre**

A *anglicisme* **B** *barbarisme* **C** *calque de l'anglais* **D** *divers* **F** *familier* **I** *impropriété*
M *marque de commerce* **P** *pléonasme* **S** *solécisme* **V** *emploi vieilli (archaïsme)*

INCORRECT		CORRECT
Un *habit*	V	Un **complet**
Habiter sur la rue Dupuis	D	**Habiter** rue Dupuis
J't' haïs	D	**Je te hais**
L'handicapé physique	D	**Le handicapé** physique
Un *heater*	A	Un **chauffe-moteur**
Hello!	A	**Allô!**
Heure : *2h00 ; 2h05 ; 14:30 ; 2 hres p.m. ; 4h a.m.*	D	Heure : **2 h ; 2 h 5 ; 14 h 30 ; 14 h ; 4 heures**
Gagner *7 $ de l'heure*	F	Gagner **7 $ l'heure**
Pour faire une longue histoire courte	C	**Bref, en deux mots, pour être bref**

INCORRECT		CORRECT
Il est dix *heures précis*	D	Il est dix **heures précises**
Un *hobby*	A	Un **passe-temps**
Mettre *sur le hold*	C	Mettre **en attente**
Hommes au travail	C	**Travaux en cours**
Le *hood*	A	Le **capot**
Une *horloge grand-père*	C	Une **horloge de parquet**
Une situation *hors de notre contrôle*	C	Une situation **imprévisible, qui ne dépend pas de nous**
Une *hose*	A	Un **tuyau d'arrosage**
L'*hôtesse de l'air*	V	L'**agente de bord**
La ville *hôtesse* des JO	I	La ville **hôte** des JO
De l'*huile à chauffage*	C	Du **mazout**
Avoir une *hypothèque ouverte*	I	Avoir un **prêt hypothécaire ouvert**

H
I

A *anglicisme* **B** *barbarisme* **C** *calque de l'anglais* **D** *divers* **F** *familier* **I** *impropriété*
M *marque de commerce* **P** *pléonasme* **S** *solécisme* **V** *emploi vieilli (archaïsme)*

INCORRECT		CORRECT
Une carte d'*identification*	A	Une carte d'**identité**
Veuillez vous *identifier*	A	Veuillez vous **nommer**

INCORRECT		CORRECT
Identifier des priorités	A	**Déterminer** des priorités
20ième, 20^{ièmes}	D	20e, 20^{es}
Prévenez les personnes *impliquées*	I	Prévenez les personnes **concernées**
S. R. D. *Inc.*	A	S. R. D. **inc.**
Incidemment	A	**Au fait, à propos**
Une situation *incontrôlable*	A	Une situation **imprévisible**
Il y a une *industrie* ici	A	Il y a une **entreprise** ici
Une *inéquité* flagrante	B	Une **iniquité** flagrante
Vouloir une *information*	I	Vouloir un **renseignement**
Pour votre information	C	**Pour information, à titre de renseignement**
Un entretien *informel*	A	Un entretien **officieux**
Un *infractus*	B	Un **infarctus**
Initialer une note	I	**Parafer** une note
Être *insécure*	A	Être **inquiet, anxieux**
Un *inter-club*	I	Un **tournoi interclubs**
L'*intercom*	A	L'**interphone**
Voici ses *intérêts*	A	Voici ses **préférences**, ses **champs d'intérêt**
Une *intermission*	A	Un **entracte**
Des activités *intra-muros*	I	Des activités **intrascolaires**
Introduire quelqu'un	A	**Présenter** quelqu'un

INCORRECT		CORRECT
Un article *en inventaire*	A	Un article **en stock**
Un *item* à l'ordre du jour	A	Un **point** à l'ordre du jour
Des *items* en solde	A	Des **articles** en solde
Des *itinérants*	I	Des **sans-abri**
Moi *itou*	V	Moi **aussi**
L'*ivressomètre*	I	L'**alcootest**

A *anglicisme* **B** *barbarisme* **C** *calque de l'anglais* **D** *divers* **F** *familier* **I** *impropriété* **M** *marque de commerce* **P** *pléonasme* **S** *solécisme* **V** *emploi vieilli (archaïsme)*

INCORRECT		CORRECT
Le *jack* est défectueux	A	Le **cric** est défectueux
Le gros chien *jappe*	I	Le gros chien **aboie**
Une *jaquette*	I	Une **chemise de nuit**
Un *jet*	A	Un **avion à réaction**
Jeter la serviette	C	**Capituler, jeter l'éponge**
Une *job*	A	Un **travail**, un **emploi**
Joindre un parti	A	**Adhérer à** un parti
Tirer les joints	I	**Jointoyer**
Il ne cesse de *jongler*	I	Il ne cesse de **réfléchir**

INCORRECT		CORRECT
Jouer les seconds violons	C	**Jouer un rôle secondaire**
Guy Roy *junior*	A	Guy Roy **fils**
De *juridiction* provinciale	A	De **compétence** provinciale
De la jute	D	**Du jute**
KM, Km, kM	D	**km** (kilomètre)
Un *kiosque*	I	Un **stand**
Un *kleenex*	M	Un **mouchoir de papier**
Un *kodak*	M	Un **appareil photo**

A *anglicisme* **B** *barbarisme* **C** *calque de l'anglais* **D** *divers* **F** *familier* **I** *impropriété* **M** *marque de commerce* **P** *pléonasme* **S** *solécisme* **V** *emploi vieilli (archaïsme)*

INCORRECT		CORRECT
Laissez-le-moi savoir	C	**Faites-le-moi savoir**
Large ou *extra large*	A	**Grand** ou **très grand**
Mercredi *le* 5 juillet	A	**Le** mercredi 5 juillet
Une *levée de fonds*	C	Une **campagne de financement**
En *levée* de rideau	I	En **lever** de rideau
Se lever debout	P	**Se lever**
Une *licence*	A	Une **plaque d'immatriculation**
Des *licences*	A	Un **permis de conduire**

INCORRECT		CORRECT
Le chien m'a *liché*	I	Le chien m'a **léché**
Un *lifeguard*	A	Un **surveillant de piscine**
Donner un lift à quelqu'un	A	**Faire monter** quelqu'un
Un *lift truck*	A	Un **chariot élévateur**
Un *lifting*	A	Un **lissage**, un **remodelage**
Trois jours *en ligne*	C	Trois jours **consécutifs**
Couper la *ligne*	I	Couper la **communication**
Fermez la ligne svp	C	**Raccrochez** svp
Gardez la ligne	C	**Ne quittez pas**
Ouvrez la ligne	C	**Décrochez**
Une *ligne ouverte*	C	Une **tribune téléphonique**
Qui est *sur la ligne*	C	Qui est **en ligne**
Traverser *les lignes*	A	Traverser **la frontière**
Une *liqueur douce*	C	Une **boisson gazeuse**
Du *liquid paper*	A	Du **correcteur liquide**
Le *prix de liste*	C	Le **prix courant**
Trois auteures *en liste*	I	Trois auteures **en lice**
Un lit *queen size, king size*	A	Un lit **grand format**, **très grand format**
Un *lit simple*, un *lit double*	C	Un **petit lit**, un **grand lit**
De la *littérature*	A	Des **dépliants**, de la **documentation**

L

INCORRECT		CORRECT
Une émission *live*	A	Une émission **en direct**
Une *livraison spéciale*	C	Une **livraison exprès**, **par exprès**
Le *livre des minutes*	C	Le **registre des procès-verbaux**
Un poulet de 3 *lbs.*	A	Un poulet de 3 **lb**
Le chef d'État *a livré la marchandise*	C	Le chef d'État **a tenu parole, ses promesses**
Un *loader*	A	Une **chargeuse**
Loger un grief	A	**Déposer** un grief
Loger une plainte	A	**Porter** plainte
À *l'année longue*	C	À **longueur d'année**
Un *longue distance*	C	Un **interurbain**
Gagner *à la loto*	D	Gagner **au loto**
Un nœud *lousse*	A	Un nœud **lâche**
Il y a du *lousse*	A	Il y a du **mou**, du **jeu**
La *lumière* verte	A	Le **feu** vert
Les *lumières* d'une automobile	A	Les **feux arrière, de position, de croisement, de route** d'une automobile

38

INCORRECT		CORRECT
Un *magasin à rayons*	C	Un **grand magasin**
Faire un *mailing*	A	Faire un **publipostage**
La *maintenance*	A	L'**entretien**
Mais que tu viennes	D	**Lorsque tu viendras**
La *malle* est arrivée	A	Le **courrier** est arrivé
Une boîte *à malle*	C	Une boîte **aux lettres**
Maller une lettre	A	**Poster** une lettre
Une *manicure* gentille	I	Une **manucure** gentille
Faire un manucure à qqn	C	**Faire les ongles** à qqn
Un *manuel de service*	C	Un **guide d'entretien**
J'ai *marché* 2 km hier	A	J'ai **fait** 2 km hier
Du *masking tape*	A	Du **ruban-cache**
Du *matériel*	A	Du **tissu**
Réduire au *maximum*	D	Réduire au **minimum**
Lucie Lachance, *M.D.*	A	**Dre** Lucie Lachance
Petit, *médium* ou grand	A	Petit, **moyen** ou grand
Médium ou saignant	A	**À point** ou saignant

INCORRECT		CORRECT
Un *meeting*	A	Une **rencontre**, une **réunion**
Être *à son meilleur*	C	Être **au mieux, exceller**
Au meilleur de ma connaissance	C	**À ma connaissance, d'après ce que je sais**
Un *mélange à* gâteau	A	Une **préparation pour** gâteau
Le *membership*	A	Le **nombre de membres**
Même à ça	C	**Même là, malgré cela**
Un *mémo*	I	Une **note**, une **note de service**
En mémoire de	V	**À la mémoire de**
Une *mercerie*	I	Un **magasin de vêtements pour hommes**
Elle *s'est mérité* ce prix	I	Elle **a gagné** ce prix
Le Montréal *métropolitain*	I	Le **Grand** Montréal
Ce midi	I	**À midi**
Chercher *de midi* à quatorze heures	I	Chercher **midi** à quatorze heures
Un *milk-shake*	A	Un **lait fouetté**
Le *M*inistère de la *j*ustice	D	Le **m**inistère de la **J**ustice
Min., mn, m (minute)	D	**min**
Les *minutes* de la séance	A	Le **procès-verbal** de la séance
Donne-*moi-z-en*	D	Donne-**m'en**
Le *monde savent* cela	D	Le **monde sait** cela

M

40

INCORRECT		CORRECT
Pour des raisons *monétaires*	A	Pour des raisons **pécuniaires, financières**
Les clauses *monétaires*	A	Les clauses **salariales**
Un *Mongol* (personne atteinte de mongolisme)	I	Un **mongolien**
Un chèque *au montant de* 25,40 $	C	Un chèque **de** 25,40 $
Monter en haut	P	**Monter**
Une *salle de montre*	V	Une **salle d'exposition**
Passer la *mop*	A	Passer la **vadrouille**
Une *mouche à feu*	C	Une **luciole**
Un moustiquaire	D	**Une moustiquaire**
Mr. (Monsieur)	A	**M.**
Un *muffler*	A	Un **silencieux**
C'est un *must*	A	C'est **à voir**
Mettre le *mute*	A	Mettre la **sourdine**
Des *fonds mutuels*	C	Des **fonds communs de placement**

A *anglicisme*   B *barbarisme*   C *calque de l'anglais*   D *divers*   F *familier*   I *impropriété*
M *marque de commerce*   P *pléonasme*   S *solécisme*   V *emploi vieilli (archaïsme)*

INCORRECT		CORRECT
Naguère (Il y a longtemps)	I	**Jadis**
Une *napkin*	A	Une **serviette de table**
Le levier est *au neutre*	C	Le levier est **au point mort**
Nil (sur un formulaire)	A	**Néant**
Au niveau financier	I	**Sur le plan** financier
Au niveau du travail	I	**En ce qui concerne, touche le** travail
Le *niveau* secondaire	I	L'**enseignement** secondaire
Non applicable, NA	C	**Sans objet, S.O., s.o.**
Donner sa *notice*	A	Donner sa **démission**
À nouveau (une fois de plus)	I	**De nouveau**
No., # (numéro)	A	**N°, n°**
Les *n^{os}* 7 et 8	D	Les **numéros** 7 et 8
Un chèque *n.s.f.*	C	Un chèque **sans provision**

INCORRECT		CORRECT
S'objecter	A	**S'opposer**
Avoir objection	S	**S'opposer** à
Un employé *occasionnel*	I	Un employé **temporaire**
Octroyer un prêt	I	**Accorder** un prêt
Garder un œil sur...	C	**Avoir l'œil sur...**
Être *off* demain	A	Être **en congé** demain
On-off (appareil)	A	**Marche/arrêt**
L'*ombudsman*	I	Le **protecteur du citoyen**
2 lb = 32 *on.*	I	2 lb = 32 **oz**
Nous, *on pense* que...	F	Nous, **nous pensons** que...
Payer rubis sur *l'onde*	D	Payer rubis sur **l'ongle**
Un *one-man-show*	A	Un **spectacle solo**
Un *one-way*	A	Un **sens unique**
Une entreprise en *opération*	C	Une entreprise en **activité**
Des *coûts d'opération*	C	Des **frais d'exploitation**
L'*opératrice*	A	La **téléphoniste**
Opérer une entreprise	A	**Diriger** une entreprise

INCORRECT		CORRECT
Opérer une machine	A	**Conduire** une machine
Une *opportunité*	A	Une **occasion,** une **possibilité**
Des *opportunités*	A	Des **avantages,** des **possibilités**
Un *orage électrique*	P	Un **orage**
Des papiers *en ordre*	C	Des papiers **en règle**
En bon ordre	C	**En bon état**
Originer de	A	**Provenir** de, **résulter** de
La grosse orteille	D	**Le gros orteil**
Il ne fera pas vieux os	I	**Il ne fera pas de vieux os**
Osciller (prononcé « br*iller* »)	D	Osciller (prononcé « **filer** »)
Il y a une *ouverture*	A	Il y a une **vacance,** un **poste vacant**
Une *overdose*	A	Une **surdose**

A *anglicisme*   B *barbarisme*   C *calque de l'anglais*   D *divers*   F *familier*   I *impropriété*
M *marque de commerce*   P *pléonasme*   S *solécisme*   V *emploi vieilli (archaïsme)*

INCORRECT		CORRECT
Un *pacemaker*	A	Un **stimulateur cardiaque**
Un *package deal*	A	Un **accord global**

INCORRECT		CORRECT
Une *Pagette*	M	Un **téléavertisseur**
La *paie de vacances*	C	L'**indemnité de congé**
Du *pain brun*	C	Du **pain bis, de son**
Du *pain de blé entier*	C	Du **pain complet**
Une *paire de pantalons*	C	Un **pantalon**
Un *palliatif au* chômage	S	Un **palliatif du** chômage
Pallier à un inconvénient	S	**Pallier** un inconvénient
Un *pamphlet*	A	Une **brochure**, un **dépliant**
Une *panacée universelle*	P	Une **panacée**
Mettre *des pantalons*	A	Mettre **un pantalon**
Du *papier de toilette*	C	Du **papier hygiénique**
Du *papier sablé*	C	Du **papier de verre**
Elle a joué le *par*	A	Elle a joué la **normale**
Elle vient *par affaires*	C	Elle vient **pour affaires**
Une table de 1 m *par* 2 m	A	Une table de 1 m **sur** 2 m
Une *parade* de mode	C	Un **défilé** de mode
Il *a paralysé*	I	Il **est devenu paralysé**
Pareil comme, pareil que	I	**Pareil à**
Vas-y *pareil*	I	Vas-y **quand même**
Trois cartes pareilles	C	Un **brelan**
Quatre cartes pareilles	C	Un **carré**

P

Parler à travers son chapeau	C	**Parler à tort et à travers**
Faire sa part	C	**Collaborer à, contribuer à**
Des *parts* cotées en Bourse	A	Des **actions** cotées en Bourse
À part de ça	S	**À part ça**
Partir à son compte	A	**S'établir** à son compte
Faire partir les toilettes	I	**Actionner la chasse d'eau**
Partir le moteur	A	**Faire partir** le moteur
Partir une entreprise, un commerce	A	**Fonder, lancer** une entreprise, un commerce
Partir une rumeur	A	**Lancer** une rumeur
Organiser un *party*	A	Organiser une **fête**
Une *passe* d'autobus	A	Une **carte** d'autobus
As-tu ta *passe*?	A	As-tu ton **laissez-passer**?
Passé date	C	**Périmé, expiré**
Passé dû	C	**Échu, en souffrance**
Passer un règlement	A	**Adopter** un règlement
Des patates pilées	I	**De la purée** (de pommes de terre)
Un *patch*	A	Un **timbre antitabac**
De la *pâte à dents*	C	Du **dentifrice**, de la **pâte dentifrice**
Une invention *patentée*	A	Une invention **brevetée**

P

46

INCORRECT		CORRECT
Une *patère* (support sur pied)	I	Un **portemanteau**
Payable sur livraison	C	**Payable à la livraison, contre remboursement**
Les *payeurs de taxes*	C	Les **contribuables**
Du beurre de *peanut*	A	Du beurre d'**arachide**
Une tarte aux *pécanes*	A	Une tarte aux **pacanes**
Un avantage *pécunier*	B	Un avantage **pécuniaire**
La *pédale à gaz*	C	L'**accélérateur**
Le *pedigree* d'un chien	A	La **généalogie** d'un chien
Une *peignure*	V	Une **coiffure**
Peinture fraîche	C	**Attention à la peinture**
Peinturer un mur	I	**Peindre** un mur
Per capita	C	**Par personne**
Un *per diem*	C	Une **indemnité quotidienne**
Performer	A	**Briller, réussir**
Une *période* de français	A	Un **cours**, une **heure** de français
Peser sur un bouton	A	**Appuyer** sur, **presser** un bouton
Une *pétoncle*	D	Un **pétoncle**
Un *pet shop*	A	Une **animalerie**
Une *piastre*	V	Un **dollar**

INCORRECT		CORRECT
Elle mesure 5'	A	Elle mesure 5 **pi**
Des *pierres sur les reins*	I	Des **calculs rénaux**
Piler sur un objet	V	**Marcher** sur un objet
Une *pin*	A	Une **épinglette,** une **broche**
Être *sur la ligne de piquetage*	C	Être **aux piquets de grève**
Moins *pire*	I	Moins **mauvais**, **grave**, **pénible**
Au *pire* aller	I	Au **pis** aller
Une pizza (prononcé « *pitza* »)	D	Une pizza (prononcé « **pidza** »)
Une belle *place*	A	Un bel **endroit**
Placer un appel	A	**Faire** un appel
Placer une commande	A	**Passer** une commande
Il me fait plaisir de	S	**C'est avec plaisir que je...,** **j'ai le plaisir de...**
Un *plan de pension*	C	Un **régime de retraite**
Au plan financier	I	**Sur le plan** financier
Le *premier plancher*	C	Le **rez-de-chaussée**
Le deuxième *plancher*	A	Le deuxième **étage**
Un immeuble de huit *planchers*	A	Un immeuble de huit **niveaux**
Un *plaster*	A	Un **pansement adhésif**
Un crayon *de plomb*	A	Un crayon **à mine**

INCORRECT		CORRECT
Une *plume-fontaine*	C	Un **stylo plume**
La deuxième *plus grande ville*	C	La deuxième **ville en importance**
Du *plywood*	A	Du **contreplaqué**
Réunion à 8 h *p.m.*	A	Réunion à **20 h, 8 h du soir**
Un *poêle*	I	Une **cuisinière**
Avoir de la *pogne*	V	Avoir de la **poigne**
Se faire *pogner*	V	Se faire **prendre**
Un *poinçon*	I	Un **perforateur**
Le *point aveugle*	C	L'**angle mort**
Au point de vue terminologie	I	**Au point de vue de la terminologie**
Pointer quelqu'un du doigt	C	**Montrer quelqu'un** du doigt
Une *pole* à rideaux	A	Une **tringle** à rideaux
Une *police* courtoise	I	Une **policière** courtoise, un **policier** courtois
Une *pompe à gaz*	C	Une **pompe à essence**
Du *popcorn*	A	Du **maïs soufflé**
Une *porte-patio*	C	Une **porte-fenêtre**
Porter fruit	I	**Porter ses** ou **des fruits**
Un *portique*	I	Un **vestibule**
Poser une amie	I	**Photographier** une amie
Poser un geste	I	**Faire** un geste

P

INCORRECT		CORRECT
Être *positif* que	C	Être **convaincu** que
Un *poster*	A	Une **affiche**
Faire un *post mortem*	A	Faire un **bilan**, une **rétrospective**
Une *poubelle* à papier	I	Une **corbeille** à papier
Faire *du pouce*	F	Faire **de l'auto-stop**
Une règle de 12"	A	Une règle de 12 **po**
De la *poudre à pâte*	C	De la **levure chimique**
Pour son travail, elle a reçu...	A	**En compensation de** son travail, elle a reçu...
J'ai payé 80 ¢ *pour cela*	A	J'ai payé **cela** 80 ¢
J'y serai *pour* un mois	A	J'y serai **pendant** un mois
Pour fins de...	C	**Pour..., aux fins de...**
Un reçu *pour fins d'impôt*	C	Un reçu **fiscal, officiel**
Pour votre information	C	**À titre d'**information, **de renseignement**
Des *power-brakes*	A	Des **servofreins**
Un *power steering*	A	Une **servodirection**
Une *pratique*	A	Une **répétition**, un **exercice**, un **entraînement**
Se pratiquer au basket-ball	A	**S'entraîner** au basket-ball
Pratiquer son piano	A	**S'exercer au** piano
Pratiquer un rôle	A	**Répéter** un rôle

P

INCORRECT		CORRECT
Une *enveloppe préadressée et préaffranchie*	C	Une **enveloppe-réponse affranchie**
Un *pré-avis*	D	Un **préavis**
Sans préjudice	C	**Sous toutes réserves**
Du *prélart*	F	Du **linoléum**
1ier, 1ière, 1iers, 1ières	D	**1er, 1re, 1ers, 1res**
Les *premiers deux* jours	A	Les **deux premiers** jours
Prendre des procédures	C	**Poursuivre** (en justice)
Prendre le vote	C	**Voter, procéder au vote**
Prendre place	C	**Se trouver**
Prendre pour acquis	C	**Tenir** pour acquis
Prendre un cours	C	**Suivre** un cours
Prendre une chance	C	**Prendre un risque**
Prendre une marche	C	**Faire un tour, une promenade**
Un *prérequis*	C	Un **préalable**
Une *prescription* illisible	A	Une **ordonnance** illisible
Présentement	V	**Actuellement**
Un *préservatif*	A	Un **agent de conservation**
Presqu' impossible	D	**Presque** impossible
De la *haute pression*	C	De l'**hypertension**
Sous *un faux prétexte*	C	Sous **le prétexte**
Le contexte qui *prévaut*	A	Le contexte **actuel**

INCORRECT		CORRECT
Voir les *previews*	A	Voir les **bandes-annonces**
Prévoir d'avance	P	**Prévoir**
Prioriser	I	**Donner priorité**
Notre *première priorité*	P	Notre **priorité**
Un cours *privé*	A	Un cours **particulier**
Un secrétaire *privé*	A	Un secrétaire **particulier**
Le *prix de liste, régulier*	C	Le **prix courant**
Quel beau *programme*	A	Quelle belle **émission**
Elles *promouvoient* ce jouet	D	Elles **promeuvent** ce jouet
La *pro shop*	A	La **boutique**
Un *prospect*	A	Un **client potentiel**
P.S. (post-scriptum)	A	**P.-S.**
Publiciser	A	**Annoncer, rendre public**
Un *publiciste*	I	Un **publicitaire**
Puis ensuite	P	**Puis** ou **ensuite**
Se munir d'une *puise*	D	Se munir d'une **épuisette**
Annonce qui a du *punch*	A	Annonce qui a du **mordant**
Un *pusher*	A	Un **revendeur de drogue**
Faire des *push-up*	A	Faire des **pompes**
Réussir un beau *put*	A	Réussir un beau **roulé**
Un *putter*	A	Un **fer droit**

P

INCORRECT		CORRECT
Avoir les *qualifications* nécessaires	**A**	Avoir la **compétence** nécessaire
Un *quatre par quatre*		Un **quatre roues motrices**
Qué., P.Q., Qc	**D**	**QC** (à ne pas utiliser dans la correspondance)
On se demande *qu'est-ce* qu'on doit faire	**S**	On se demande **ce** qu'on doit faire
Elle a *quitté* hier	**A**	Elle a **démissionné** hier
Se faire *rabattre* les oreilles	**I**	Se faire **rebattre** les oreilles
Un *rack*	**A**	Un **présentoir**, un **porte-bagages**
Dans le *racoin*	**I**	Dans le **recoin**
Un *radio*	**D**	Une **radio**
Ramasser près de 800 $	**I**	**Amasser** près de 800 $
S'en *rappeler*	**I**	S'en **souvenir**
Un *rapport d'impôt*	**I**	Une **déclaration d'impôts**
Se rapporter au travail	**C**	**Se présenter** au travail
Être *raqué*	**C**	Être **courbaturé**, **fatigué**
Quel est le *rating*	**A**	Quelle est l'**évaluation**

INCORRECT		CORRECT
Ce repas nous *ravigore*	I	Ce repas nous **revigore**
Un exercice de *réchauffement*	I	Un exercice d'**échauffement**
Ne *récidive* pas	I	Ne **recommence** pas
Le *récipiendaire* d'un trophée	I	Le **gagnant** d'un trophée
Rouler *de reculons*	I	Rouler **à reculons**
Du *red tape*	A	Des **formalités**, des **chinoiseries administratives**
Un REER (prononcé « *rir* »)	D	Un REER (prononcé « **rèèr** »)
Une lettre de *références*	A	Une lettre de **recommandation**
Référer	A	**Soumettre, transmettre, se reporter à**
Référer à quelqu'un	A	**Faire allusion** à quelqu'un
Référer un malade *à* un spécialiste	A	**Diriger** un malade **vers** un spécialiste
Un *refill*	A	Une **recharge**
Regaillardir	I	**Ragaillardir**
Cela regarde mal	C	**La situation est inquiétante**
Le prix *régulier* est 12 $	A	Le prix **courant** est 12 $
Une séance *régulière*	A	Une séance **ordinaire**
De l'essence *régulière*	A	De l'essence **ordinaire**
La *réhabilitation*	A	La **réadaptation**

INCORRECT		CORRECT
Rejoindre quelqu'un par téléphone	I	**Joindre** quelqu'un par téléphone
Sois *relax*	A	Sois **détendu, décontracté**
Relocaliser une entreprise	A	**Déménager** une entreprise
La *remorqueuse*	F	La **dépanneuse**
Rempirer	F	**Empirer, s'aggraver**
Rencontrer un objectif	A	**Atteindre** un objectif
Renforcir	I	**Renforcer**
Le camion a *rentré dans* la voiture	I	Le camion a **embouti** la voiture
La *rénumération*	B	La **rémunération**
Un appel à *charges renversées*	C	Un appel à **frais virés**
Réouvrir	I	**Rouvrir**
Répéter de nouveau	P	**Répéter**
Un *représentant des ventes*	C	Un **représentant commercial**
Être accusé de *fausse représentation*	C	Être accusé de **fraude, d'abus de confiance**
Une *réquisition*	A	Une **demande d'achat**
Cela *résultera en* un échec	C	Cela **causera** un échec
Retourner un appel	C	**Rappeler**
Reviser les anglicismes	V	**Réviser** les anglicismes
L'eau a *revolé*	I	L'eau a **jailli**

R

INCORRECT		CORRECT
Courir *le risque* de gagner	I	Courir **la chance** de gagner
Lancer des *roches*	F	Lancer des **cailloux**
Être *dans le rouge*	C	Être **en déficit**
Des *royautés*	A	Des **droits d'auteur**
La *run* du camelot	A	La **tournée** du camelot
Rush	A	**Urgent, affluence**

A *anglicisme*   **B** *barbarisme*   **C** *calque de l'anglais*   **D** *divers*   **F** *familier*   **I** *impropriété*
  M *marque de commerce*   **P** *pléonasme*   **S** *solécisme*   **V** *emploi vieilli (archaïsme)*

INCORRECT		CORRECT
Une *sacoche*	I	Un **sac à main**
Une *salle à dîner*	C	Une **salle à manger**
Un *sanctuaire d'oiseaux*	I	Une **réserve ornithologique**
Sans dessus dessous	I	**Sens** dessus dessous
Sans devant derrière	I	**Sens** devant derrière
Sauver de l'argent	A	**Économiser** de l'argent
Sauver du temps	A	**Gagner** du temps
Un *scoop*	A	Une **primeur**, une **information de dernière heure**
Du *scotch tape*	A	Du **ruban adhésif**

INCORRECT		CORRECT
Mettre à la *scrap*	A	Mettre à la **ferraille**
Essayons de *se* revoir	S	Essayons de **nous** revoir
Secondaire I et II	D	**1ʳᵉ** et **2ᵉ secondaire**
Il est 15 h 35 min 10 *sec*	D	Il est 15 h 35 min 10 **s**
Une voiture de *seconde main*	C	Une voiture **d'occasion**
Seconder une proposition	A	**Appuyer** une proposition
Une *secondeuse*	A	Une **seconde proposeuse**
Une *bonne secousse*	V	Un **bon moment**
Je me sens *sécure*	A	Je me sens **en sécurité**
La *semi-finale*	C	La **demi-finale**
La *séniorité*	A	L'**ancienneté**
Un *senseur*	A	Un **capteur**, un **détecteur**
Serrer des objets	F	**Ranger** des objets
Une *serviette sanitaire*	C	Une **serviette hygiénique**
Une *session* d'information	A	Une **séance** d'information
Un *set* de salon	A	Un **mobilier** de salon
Un *set* de tennis	A	Une **manche** de tennis
Un *set* de vaisselle	A	Un **service** de vaisselle
Il a *seulement qu'*à jouer	I	Il **n'a qu'**à jouer
Une femme *sexy*	A	Une femme **séduisante**
Être *sur le shift* de jour	C	Être **de l'équipe** de jour

INCORRECT		CORRECT
Travailler *sur les shifts*	C	Travailler **par équipe**
Quel beau *show*	A	Quel beau **spectacle**
Le *show business,* le *showbiz*	A	**L'industrie du spectacle**
Un *sideline*	A	Un **travail secondaire**
Le *siège* de la bicyclette	I	La **selle** de la bicyclette
Siéger sur un comité	C	**Siéger à** un comité
Signaler le 911	A	**Faire** le 911
Signaler 876-5432	A	**Composer** 876-5432
Ce *site* me plaît	A	Cet **emplacement** me plaît
Du *skateboard*	A	De la **planche à roulettes**
Un *skidoo*	A	Une **motoneige**
La courroie est *slack*	A	La courroie est **lâche**
De la *slush*	A	De la **neige mouillée**
Un *snack-bar*	A	Un **casse-croûte**
Des *snaps*	A	Des **boutons-pression**
Socio-culturel	D	**Socioculturel**
Le *socket* d'une lampe	A	La **douille** d'une lampe
C'est *songé*	I	C'est **astucieux, ingénieux**
Soumissionner pour des travaux	C	**Soumissionner** des travaux
15° *sous* zéro	A	15° **au-dessous de** zéro

S

INCORRECT		CORRECT
Un malade *sous* observation	A	Un malade **en** observation
Un *sous-contracteur*	A	Un **sous-traitant**
Un *sous-tapis*	I	Une **thibaude**
Faire un *spécial*	A	Faire un **prix de faveur**
Un *prix spécial*	C	Un **prix réduit, de solde**
Le *spécial du jour*	C	Le **menu du jour**
Une assemblée *spéciale*	A	Une assemblée **extraordinaire**
Une *livraison spéciale*	C	Une **livraison par exprès**
Des *spéciaux*	A	Des **soldes**, des **rabais**, des **réclames**, des **promotions**
Un *spot*	A	Un **message publicitaire**
Quel beau *spot*	A	Quel bel **emplacement**
Du *spray net*	A	Du **fixatif**
À ce *stage*-ci	I	À ce **stade**-ci
Un *stand de patates*	C	Une **friterie**
Être en *stand-by*	A	Être **en attente**
Voici une *star*	A	Voici une **vedette**
Il y a du *statique* sur la ligne	A	Il y a des **parasites**, de la **friture** sur la ligne
De la *statique*	A	De l'**électricité statique**
Un *steak* de saumon	A	Une **darne** de saumon
Un *steering*	A	Un **volant**

INCORRECT		CORRECT
Un *sticker*	A	Un **autocollant**
Un *stool*	A	Un **délateur**, un **mouchard**
Stooler quelqu'un	A	**Dénoncer** quelqu'un
Un *strip-tease*	A	Un **effeuillage**
Du *styrofoam*	A	Du **styromousse**
Un *subpœna*	A	Une **citation à comparaître**
Une *suce*	I	Une **tétine**, une **sucette**
Une *Suissesse*	V	Une **Suisse**, une **dame suisse**
Voilà ce qui *s'en suit*	I	Voilà ce qui **s'ensuit**
Suite 320	A	**Bureau, local** 320
Suite à votre appel	S	**Comme suite à, pour faire suite à** votre appel
Sujet (dans une lettre)	A	**Objet**
Gagner *en supplémentaire*	I	Gagner **lors de la prolongation**
Un *support*	I	Un **cintre**
Avoir le *support* de	A	Avoir l'**appui**, l'**aide**, le **soutien** de
Supporter un candidat	A	**Appuyer** un candidat
Être *supposé de* venir	C	Être **censé** venir
Supposément	A	**Soi-disant, prétendument**
Être sur un comité	C	**Être membre d'**un comité
Vivre *sur* la ferme	A	Vivre **à, dans** une ferme

INCORRECT		CORRECT
Vivre *sur le bien-être*	C	Vivre **de l'aide sociale**
Travailler sur un roman	C	**Travailler à** un roman
Sur la garantie	A	**Sous** la garantie
Passer sur le feu rouge	A	**Griller** le feu rouge
Sur la rue	A	**Dans** la rue
Sur semaine	A	**En** semaine
Habiter *sur* le 2e étage	A	Habiter **au** 2e étage
Accrocher *sur* le mur	A	Accrocher **au** mur
Naviguer *sur* Internet	A	Naviguer **dans** Internet
Du *surtemps*	A	Des **heures supplémentaires**
SVP, remplir le formulaire	I	**Prière de** remplir le formulaire
Un *sweat shirt*	A	Un **survêtement**
Une *switch*	A	Un **interrupteur**
Offrir ses *sympathies*	A	Offrir ses **condoléances**
Cela aide le *système*	A	Cela aide l'**organisme**
Un *système de son*	C	Une **chaîne stéréo**

S

A *anglicisme*   **B** *barbarisme*   **C** *calque de l'anglais*   **D** *divers*   **F** *familier*   **I** *impropriété*
M *marque de commerce*   **P** *pléonasme*   **S** *solécisme*   **V** *emploi vieilli (archaïsme)*

INCORRECT		CORRECT
Une *tank* d'essence	A	Un **réservoir** d'essence
Elles sont *tannées*	F	Elles sont **fatiguées**
Tant qu'à moi	I	**Quant à** moi
Bonjour, *ma tante* Léona	I	Bonjour, **tante** Léona
Un taon m'a piqué (prononcé « *ton* »)	D	Un taon m'a piqué (prononcé « **tan** »)
Un *tape* à mesurer	A	Un **galon** à mesurer
Taper (ligne téléphonique)	A	**Mettre sur écoute**
Un *tapis mur à mur*	C	Une **moquette**
Un *taraud*	I	Un **écrou**
Un *tatou*	A	Un **tatouage**
Une *taxe de bienvenue*	C	Des **droits de mutation**
Une *technicalité*	A	Une **formalité**
Des cheveux *teindus*	D	Des cheveux **teints**
Du *télémarketing*	A	De la **télévente**
Tel que convenu	I	**Comme** convenu
La mauvaise *température*	I	Le mauvais **temps**

INCORRECT		CORRECT
Arriver *en temps*	C	Arriver **à temps**
Temps double	C	**Salaire majoré de 100 %**
Du *temps supplémentaire*	C	Des **heures supplémentaires**
Solliciter un 2e *terme*	A	Solliciter un 2e **mandat**
Les *termes et conditions*	C	Les **conditions générales**
La batterie est *à terre*	I	La batterie est **déchargée**
Des *têtes de violon*	C	Des **crosses de fougère**
Une *tête* d'oreiller	I	Une **taie** d'oreiller
Écouter la *tévé*, la *TV*	A	Écouter la **télé**
Un *ticket*	A	Une **contravention**
Le *timing* est bon	A	Le **moment** est bon
Tirer la chasse	I	**Actionner** la chasse
Une toast	D	**Un toast**
Un *toaster*	A	Un **grille-pain**
Souviens-*toi-z-en*	D	Souviens-**t'en**
Aller *à la toilette*	I	Aller **aux toilettes**
Tome (prononcé « *dôme* »)	D	Tome (prononcé « **R**ome »)
Le *tonnerre* est tombé	I	La **foudre** est tombée
Tords-lui le bras	C	**Force-lui la main**
Grand total	C	**Total général, global**
Sous-total	C	**Total partiel**

INCORRECT		CORRECT
Un téléphone *touch-tone*	M	Un téléphone **à clavier**
De la *tourbe*	A	Du **gazon**
C'est un *point tournant*	C	C'est un **moment décisif**
Tous et chacun	I	**Tout un chacun**
Des *traction aids*	A	Des **bandes antidérapantes**
Le *trafic* est dense	A	La **circulation** est dense
Elle répare le *trailer*	A	Elle répare la **remorque**
C'est *ma traite*	C	C'est **ma tournée**
Une *trâlée* d'enfants	V	Une **ribambelle** d'enfants
Une *tranche* (pour couper le papier)	I	Un **massicot**
Je serai *transféré* à Hull	A	Je serai **muté** à Hull
Je vous *transfère* à la responsable	A	Je vous **passe** la responsable
Un *transfert* d'autobus	A	Une **correspondance** d'autobus
Un *transformeur*	A	Un **transformateur**
Des actions se *transigeant* à 8 $	I	Des actions se **négociant** à 8 $
Transiger	I	**Négocier, faire des affaires**
Une *ligne de transmission*	C	Une **ligne à haute tension**
Voyager *à travers le* monde	C	Voyager **aux quatre coins du** monde

T

INCORRECT		CORRECT
Une *traverse* (de chemin de fer)	c	Un **passage à niveau**
Une trempoline	D	**Un** trampoline
Sortir un ami du *trou*	A	Sortir un ami de la **dèche**
Avoir du trouble, être dans le trouble	c	**Avoir des ennuis**
Se donner du *trouble*	A	Se donner du **mal**
C'est trop *de trouble*	A	C'est trop **compliqué**
Ligne en *trouble*	A	Ligne en **dérangement**
Un *tuxedo*	A	Un **smoking**

T
U
V

65

A *anglicisme*   **B** *barbarisme*   **C** *calque de l'anglais*   **D** *divers*   **F** *familier*   **I** *impropriété*
M *marque de commerce*   **P** *pléonasme*   **S** *solécisme*   **V** *emploi vieilli (archaïsme)*

INCORRECT		CORRECT
Un *universitaire*	I	Un **diplômé universitaire**
Faire un *U-turn*	A	Faire **demi-tour**
Passer *une belle vacance*	A	Passer **de belles vacances**
La *valise* de la voiture	I	Le **coffre** de la voiture
Une *vanité*	A	Un **meuble-lavabo**
Une *van*	A	Un **semi-remorque**
Varia	A	**Divers**

INCORRECT		CORRECT
Du *veneer*	A	Du **placage**, du **contreplaqué**
À venir à date	C	**Jusqu'à maintenant**
Acheter un article en *vente*	A	Acheter un article en **solde**, en **réclame**, en **promotion**,
Une *vente de feu*	C	Un **solde après incendie**
Une *vente de garage*	C	Une **vente-débarras**
Une *vente de trottoir*	C	Une **braderie**
Une personne *versatile*	A	Une personne **aux talents variés, polyvalente**
Un objet *versatile*	A	Un objet **tous usages**
Versus, vs	A	**Contre, c.**
Via les médias	A	**Par** les médias
Les *vidanges*	I	Les **ordures**
Un *vidangeur*	I	Un **éboueur**
Un *vidéo*	F	Un **magnétoscope**
Nommé *pour la vie*	C	Nommé **à vie**
La *ville* est d'accord	D	La **Ville** est d'accord
Vingt (*z*) élèves	D	Vingt (**t**) élèves
Un *violon dingue*	I	Un **violon d'Ingres**
VIP	A	**Personnalité**
Pas de virage en U	C	**Demi-tour interdit**
Une *voie de service*	C	Une **voie de desserte**

INCORRECT		CORRECT
Voire même	P	**Voire**
Les *voteurs*	A	Les **votants**
La *voûte*	A	La **chambre forte**

A *anglicisme* **B** *barbarisme* **C** *calque de l'anglais* **D** *divers* **F** *familier* **I** *impropriété*
M *marque de commerce* **P** *pléonasme* **S** *solécisme* **V** *emploi vieilli (archaïsme)*

INCORRECT		CORRECT
Un *walkman*	M	Un **baladeur**
Yeux (prononcé « *zieu* »)	D	Yeux (prononcé « **ieu** »)
La *Zamboni*	M	La **surfaceuse**
Faire du *zapping*	A	Faire du **saute-bouton**
Un *zipper*	A	Une **fermeture éclair**
Un zoo (prononcé « *zou* »)	A	Un zoo (prononcé « **zo** »)

POST-TEST

I. **Trouver l'erreur qu'il y a dans chacune des phrases qui suivent.**

a) J'ai confectionné ce costume avec de la jute.

b) Ces deux compagnies se sont fusionnées.

c) La réunion a débuté à 14 h 05.

d) Les employés se sont retrouvés près de l'abreuvoir.

e) Si vous maîtrisiez davantage votre langue, nous vous en serions gré.

f) Cette trampoline est défectueuse depuis quelque temps.

g) Nous avons des suggestions pour pallier à ces inconvénients.

II. **Traduire les mots suivants en français.**

a) arborite

b) bumping

c) egg roll

d) intercom

e) fair-play

f) booster

g) Pagette

h) e-mail

i) hose

III. Dans chacun des numéros suivants, un seul des mots est consigné dans les dictionnaires. Lequel?

1. a) infractus
   b) prérequis
   c) surtemps
   d) stock

2. a) contracteur
   b) insécure
   c) spot
   d) ivressomètre

3. a) stop
   b) performer
   c) céduler
   d) démotion

4. a) gyproc
   b) prioriser
   c) déodorant
   d) pécunier

5. a) recoin
   b) originer
   c) aviseur
   d) canceller

6. a) condominium
   b) polystyrène
   c) flanellette
   d) discontinué

IV. Abréger chacun des mots suivants.

a) numéro

b) kilomètre

c) post-scriptum

d) seconde

e) et cetera

f) minute

g) heure

h) boulevard

i) docteure

j) appartement

k) monsieur

l) premier

V. Trouver ce qu'ont en commun les mots suivants.

a) rénumérer   c) manicure   e) débalancé

b) réouvrir   d) pécane   f) renforcir

VI. Trouver ce qu'ont en commun les expressions suivantes.

a) à toutes fins pratiques   f) à chaque fois

b) chaque deux jours   g) vente de trottoir

c) à prime abord   h) carte d'affaires

d) à l'année longue   i) être âgé entre 20 et 30 ans

e) à date

VII. Dans chacun des six numéros suivants, un seul mot est habituellement employé dans le véritable sens qu'il a en français universel. Lequel?

1. a) gratis
   b) brocheuse
   c) vente
   d) parade

4. a) sacoche
   b) pamphlet
   c) pile
   d) divan

2. a) rabais
   b) peinturer
   c) alternative
   d) mémo

5. a) élaborer
   b) alcootest
   c) graduer
   d) balayeuse

3. a) kiosque
   b) emphase
   c) solde
   d) éligible

6. a) cartable
   b) liqueur
   c) définitivement
   d) tatouage

VIII. La plupart des gens utilisent les mots suivants incorrectement. D'après vous, par quoi devraient-ils remplacer chacun d'eux?

a) drastique   f) publiciste

b) abreuvoir   g) incidemment

c) vidange   h) argents

d) cadran   i) breuvage

e) cédule   j) académique

IX. Parmi les verbes suivants, un seul existe à la forme pronominale. Lequel?

a) apporter   d) proposer

b) fusionner   e) objecter

c) divorcer

XI. Dans chacun des numéros qui suivent, une seule expression est correcte. Laquelle?

1. a) une personne confortable
   b) une personne articulée
   c) le balancement des roues
   d) une tribune téléphonique
   e) soixante et deux

2. a) des items à l'agenda
   b) du temps supplémentaire
   c) une levée de fonds
   d) les dépenses encourues
   e) l'enlèvement des ordures

3. a) une vidange d'huile
   b) fermer la ligne
   c) un estimé
   d) débuter une réunion
   e) Merci! Bienvenue!

4. a) ouvrir la ligne
   b) garder la ligne
   c) défrayer les coûts
   d) envisager des alternatives
   e) au pis aller

5. a) changer un chèque
   b) billet de saison
   c) référer quelqu'un à
   d) payable à la livraison
   e) il me fait plaisir de

6. a) à l'effet que
   b) être censé
   c) en autant que
   d) comme par exemple
   e) système de son

XII. Les mots et expressions qui suivent sont incorrects. Par quoi devrait-on remplacer chacun d'eux?

a) deux par cinq
b) vente de trottoir
c) sauver de l'argent
d) lettre de références
e) payeur de taxes
f) prix de liste
g) payable sur livraison
h) vente de garage
i) réquisition

XIII. Les expressions suivantes sont toutes incorrectes. Par quoi devrait-on remplacer chacune d'elles?

a) être sur un comité
b) temps double
c) ci-haut
d) assemblée spéciale
e) tomber en amour
f) tel que convenu

XIV. Les verbes *partir* et *prendre* sont très souvent employés dans des expressions incorrectes. Quelle est l'expression correcte correspondant à...

1. a) prendre une chance?
   b) prendre un cours?
   c) prendre pour acquis?
   d) prendre ça aisé?
   e) prendre une marche?

2. a) partir en affaires?
   b) partir une moto?
   c) partir une rumeur?
   d) partir les pommes de terre?
   e) partir une secte?

Voir le corrigé à la page 71.

CORRIGÉ DU POST-TEST

I.
a) Le mot **jute** est employé au féminin. Or, ce mot est masculin.
b) Le verbe **fusionner** est employé à la forme pronominale. Or, ce verbe ne peut être employé à cette forme.
c) Le chiffre **5** est précédé d'un **0**, ce qui est incorrect, car ce ne sont pas des décimales.
d) Le mot **abreuvoir** devrait être remplacé par **fontaine**, car c'est un lieu réservé aux animaux.
e) L'expression **être gré** n'existe pas. Seule l'expression **savoir gré** existe.
f) Le mot trampoline est masculin. À noter qu'il s'écrit avec un **a**.
g) Le verbe **pallier** ne peut être suivi de la préposition **à**, car c'est un verbe transitif direct.

II.
a) stratifié décoratif
b) supplantation
c) pâté impérial
d) interphone
e) franc jeu
f) recharger
g) téléavertisseur
h) courriel
i) tuyau

III.
1. d) stock
2. c) spot
3. a) stop
4. c) déodorant
5. a) recoin
6. b) polystyrène

IV.
a) nᵒ
b) km
c) P.-S.
d) s
e) etc.
f) min
g) h
h) boul., bd
i) Dʳᵉ, Dre
j) app.
k) M.
l) 1ᵉʳ

V. Aucun d'eux n'est consigné dans les dictionnaires.

VI. Aucune d'elles n'existe en français.

VII.
1. a) gratis
2. a) rabais
3. c) solde
4. b) pile
5. b) alcootest
6. d) tatouage

VIII.
a) draconien
b) fontaine
c) déchets
d) réveil
e) calendrier
f) publicitaire
g) au fait
h) argent
i) boisson
j) scolaire

IX. d) proposer

XI.
1. d) une tribune téléphonique
2. e) l'enlèvement des ordures
3. a) une vidange d'huile
4. e) au pis aller
5. d) payable à la livraison
6. b) être censé

XII.
a) deux sur cinq
b) braderie
c) économiser de…
d) …de recommandation
e) contribuable
f) prix courant
g) payable à la livraison
h) vente-débarras
i) demande d'achat

XIII.
a) être membre d'un comité
b) salaire majoré de 100 %
c) ci-dessus
d) assemblée extraordinaire
e) tomber amoureux
f) comme convenu

XIV.
1.
a) prendre un risque
b) suivre un cours
c) tenir pour acquis
d) ne pas s'en faire
e) faire une promenade

2.
a) se lancer en affaires
b) démarrer une moto
c) lancer une rumeur
d) mettre… au feu
e) fonder une secte

BIBLIOGRAPHIE

BERTRAND, Guy. *400 capsules linguistiques*, 2ᵉ éd., Outremont, Lanctôt Éditeur, 1999, 196 p.

GUILLOTON, Noëlle et Hélène CAJOLET-LAGANIÈRE. *Le français au bureau*, 4ᵉ éd., Québec, Éditeur officiel du Québec, 1996, 400 p.

DRUIDE INFORMATIQUE INC., *Antidote 2000*, Montréal, Druide informatique inc., 3ᵉ éd., 1999 (Cédérom hybride, Mac/Windows)

FOREST, Constance et Denise BOUDREAU. *Le Colpron : Le Dictionnaire des anglicismes*, Montréal, Éditions Beauchemin, 1998, 381 p.

HANSE, Joseph. *Nouveau Dictionnaire des difficultés du français moderne*, 3ᵉ éd. établie d'après les notes de l'auteur avec la collaboration scientifique de Daniel Blampain, Paris-Gembloux, Éditions Duculot, 1994, 983 p.

OFFICE DE LA LANGUE FRANÇAISE. *Le Téléphone linguistique*, service téléphonique sur audiotex.

SAINTONGE, Michel, Claude DEMERS et Normand MAILLET. *Bien écrire son français*, Outremont, Éditions Quebecor, 1994, 253 p.

VILLERS, Marie-Éva de. *Multidictionnaire de la langue française*, 3ᵉ éd., Montréal, Québec/Amérique, 1997, 1533 p.

CRÉDITS

ÉDITEUR
Denis Pelletier

AUTEUR
Yvon Delisle

RÉVISION LINGUISTIQUE
Martine Pelletier

CONCEPTION ÉDITORIALE
André Mercier

CONCEPTION VISUELLE
Bernard Méoule

INFOGRAPHIE
Nathalie Perreault

Septembre éditeur

PRÉSIDENT
Denis Pelletier

DIRECTEUR GÉNÉRAL
Martin Rochette

Dépôt légal – 4ᵉ trimestre 2000
Bibliothèque nationale du Québec
Bibliothèque nationale du Canada

ISBN 2-89471-119-0
Imprimé et relié au Québec
Impression:Transcontinental
Imprimerie Gagné
Réimpression: 1ᵉʳ trimestre 2002

2825, chemin des Quatre-Bourgeois, C.P. 9425
Sainte-Foy (Québec) G1V 4B8
Téléphone: (418) 658-7272
Sans frais: 1-800-361-7755
Télécopieur: (418) 652-0986